novum pocket

Talia Sofie Groß

GETRÄUMT

novum pocket

Bibliografische Information
der Deutschen Nationalbibliothek:

Die Deutsche Nationalbibliothek
verzeichnet diese Publikation in der
Deutschen Nationalbibliografie.
Detaillierte bibliografische Daten
sind im Internet über
http://www.d-nb.de abrufbar.

Alle Rechte der Verbreitung, auch
durch Film, Funk und Fernsehen, fotomechanische Wiedergabe, Tonträger, elektronische
Datenträger und auszugsweisen
Nachdruck, sind vorbehalten.

Gedruckt in der Europäischen Union
auf umweltfreundlichem, chlor- und
säurefrei gebleichtem Papier.

© 2024 novum Verlag

ISBN 978-3-903468-73-3
Lektorat: Mag. Vanessa Meder
Umschlaggestaltung: Gustav Grütz
und Henriette Noack
Layout & Satz: novum Verlag

www.novumverlag.com

Inhaltsverzeichnis

Der Papierflieger 9
Voodoo-Puppe 10
Der Keks 11
Einsam 12
Ein roter Luftballon 13
Die Kerze 14
Die stille Sternennacht 15
Das Warzenschwein 16
Wörter 17
Das Mädchen 18
Der Tod 19
Nicht die... 20
Ich und du 21
Süßes 22
In Gedanken 23
Mein Schneemann 24
Griechenland 25
Der Todestag 26
Abschied 27
Im Kopfe verdreht 28
Gesucht 29
Im Traum 30
Die Kirschbäume 31
Im Winde 32
Die Zeit 33
Oder war nicht 34
Advent 35
Der Traum 38
Die Tiefe 39
Trauertag 40

Schutzengel 41
Zeit 42
Leicht im Herzen 43
Krieg 44
Tod und Leben 45
Das Gift 46
Dunkelheit 47
Noch ein Bierchen 48
Höhenangst 51
Lieselotte 52
Fritz Bube 53
Der Tannenbaum 54
An meinem Uropa 55
Gedanken 56
Ängste 57
Der Pfad 58
Egal 59
Abenteuerlichkeit 60
Bedürfnis 61
Wut 62
Deine Wunden 63
Das Geschenk 64
Erschaffen 65
Formen 66
Der Anfang vom Schluss 67
Anders 68
Einfach ignoriert 69
Nicht gesehen 70
Dunkles Rampenlicht 71
Das Etwas 72
Doch geschehen 73
Lüge 74

Essstörung	75
Zwang	76
Vertauscht	77
Alptraum	78
Doch getan	79
Angst	80
Suchen	81
Wenn ich …	82
Bauchgefühl	83
Vergessen	84
Vermisst	85
Hoffnung	86
Warum schwarz	87
Weg	88
Auf See	89
Die Reise	90
Fragen dieser Welt	91
Verliebt	92
Furcht	93
Wildschwein	95

Der Papierflieger

Er schickte, mit Gewissen,
Den Brief als Flieger raus,
Dass er die Botschaft bringe
In die Welt hinaus.
Tagelang flog er durch den Winde,
Ohne Angst und ohne Furcht,
Bis ihn jemand packte
Und brachte nach Haus.
Ihn las
Und ihn brachte in die Welt hinaus.

Voodoo-Puppe

Ihre Haut grässlich,
Ihr Lächeln verkrümmt,
Als hätte sie geredet und wär doch verstummt.
Ihre Haare ein Nest,

Wo Vögel saßen.
Ihr Blick so grausam,
Dass dein Herz rast.
Ihr Körper so finster,
Dass er sich durch deine Seele fraß.
Doch so grausam sie auch aussehen mag,
Sich etwas Buntes
In ihrem Inneren verbarg.

Der Keks

Ich backte einen Keks,
Den wollte ich essen,
Doch leider, ach leider, hab ich's vergessen.
Dann lag ich im Bett
Und dachte nur daran,
Dass man den Keks
Abends nicht essen kann.
Nun lag er in der Küche
Und hätt ich ihn nicht vergessen,
Dann wär er jetzt gegessen.

Einsam

Ich bin so einsam.
Ach, wären wir nur gemeinsam.
Essen Omas Gerichte,
Schreiben zusammen Gedichte.
Singen zusammen Lieder,
Immer und immer wieder.
Wollen uns im Kreise drehn
Und dann einfach weiter gehn.
Tanzen herum
Als wären wir dumm.
Spielen in Feldern,
Wiesen und Wäldern.
Vertrauen uns alles an,
Glauben immer dran.
Die Freundschaft, die wir hatten, ist nicht mehr da.
Doch wenn ich mich erinner,

Finde ich's einfach nur wunderbar.

Ein roter Luftballon

Ein roter Luftballon,
Der schwebt durch die Lüfte.

Es war des Frühlings nah,
Er tanzte durch die Düfte.
Er hatte keinen Besitzer.
Er war ganz allein.
Da nahm ich ihn zu mir rüber
Und beschloss, er soll mein Freund sein.
So war es nun geschehen,
Er war nicht mehr allein,
Muss nicht alleine gehen,
Denn nun war er mein.
Da eines Schicksalstages,
Da war es nun vorbei,

Wo er sich einst mal wagte,
Zu platzen entzwei.
Die Trauer war groß.
Das Leben war leer.
Es war nicht mehr famos.
Es war tonnenschwer.
Doch Vorfreude ist groß,
Denn ich kann nun verstehen,
Es wird wieder famos,
Wenn wir uns im Himmel sehen.

Die Kerze

In einer Welt,
Wo es keinen Verlierer gab und keinen Held',
Ist die Sonne zerbrochen,

Solange das Dunkle kam angekrochen.
Nun musste doch ein Held her,
Nur die Frage stellte sich: Wer
Soll diese Aufgabe übernehmen?
Wen sollte jeder als Held sehen?
Doch keiner wollt es sein.
Niemand wusste, dass in einer klitzeklein'
Werkstatt sich der Held befand,

Der machte von Hand
Sein größtes Werk.
Das war ihm gelungen.
Er hatte einfach alles richtig geschwungen.
Sein Werk: eine Kerze!
Auch wenn sie war klitzeklein,
Sollte sie der Held sein.
Er zündete sie an: Die Hoffnung.
Er glaubte dran.
Und tatsächlich, als sie brannte
War alle Dunkelheit im Haus verschwunden
Und seine Angst war versunken.
Er machte noch mehr.
Und sehet nur her! Wie leuchtet dieses Stück
Und erinnert an den alten Handwerker zurück,
Der es geschaffen hat mit bloßer Hand
Und sich dann dem Tod zuwandt'.

Die stille Sternennacht

In einer stillen Sternennacht
Ist ein Häschen aufgewacht.
Es steckte den Kopf hinaus
Und schaute den Himmel an.
Da waren viele Sterne dran.
Der Mond schien in voller Pracht.
Da ist ein zweites Häschen aufgewacht.
Die Lichter im Dorf gingen aus.
Die Häschen machten sich gar nichts draus.
Es war so still,
Der Trubel der Welt,
Am Anfang tragisch,
Begann zu werden: magisch.
Es ging alles seine Kreise,
Der Wind pfiff leise.
Der Schnee von letzter Woch'
Sich leis' in die Erde verkroch.
Und der Bach plätscherte im Takt
In dieser magischen Nacht.
Da saßen nun die zwei Hasen
Dicht zusammen mit ihren roten Nasen.
Doch sie wollten nicht in die Höhle zurück.
In dieser Nacht waren die Sterne ihr größtes Glück.
So saßen die beiden die ganze Nacht
Und man glaubte fast,
Sie umarmen sich sacht.
Und wären sie nicht erwacht,
Hätten sie verpasst die sternenklare Nacht.

Das Warzenschwein

Ich ging mal in den Zoo hinein,
Wollt fotografieren ein Warzenschwein.
Schau lustig in den Käfig rein
Und ließ das Fotografieren dann doch sein.
Es war nicht da.
Da wollt ich dann gehen,
Aber Mama wollt die anderen Tiere noch sehn.
Zu viele Tiere da:
Darunter ein Zebra
Und eine Ratte.
Zu viele Tiere, es reicht!
Ich zog Papa an der Krawatte:
Ich will noch mal zum Warzenschwein!
Das wäre fein.
Und so gingen wir noch mal rein,
Zum Warzenschwein.
Das war noch klein.
Ich schoss lauter Bilder,
Immer und immer wieder.
Da fragte neben uns ein Junge:
„Wieso ist es so klein?
Und so allein?
Soll das so sein?"
Ich schaute das kleine Ding an,
Da war doch was dran.
Wir gingen.
Doch meine Gedanken noch immer
beim Warzenschwein hingen.

Wörter

Wörter groß und klein,
Grob und fein.
Auf alle Arten geschrieben,
Die bösen und die lieben.
Wörter klein und fein,
So werden Wörter immer sein.

Das Mädchen

Es war einmal ein kleines Mädchen,
Zart und süß,
Dem war niemand bös.
Aber was, wenn es was Falsches tat
Oder nicht mehr wusste den richtigen Rat?
Würde es dann hinter Gittern stehen?
Oder immer noch die Freiheit sehn?

Der Tod

Weht herbei ein kühler Wind,
Nimm dich in Acht mein liebes Kind.
Wird es kommen,
Wird es gehen,
Du wirst nie mehr an der gleichen Stelle stehen.
Denn du wirst mit ihm gehen,
Und den Sinn des Lebens verstehen.

Nicht die...

Ich bin nicht die,
Die du einst gesehen,
Ich bin nicht die,
Die du glaubst zu verstehen.

Ich bin nicht die,
Die war einst so stumm,
Ich bin jetzt die,
Die schreit laut 'rum.

Ich bin die,
Von gerade eben,
Ich bin nicht die,
Vom anderen Leben.

Es ist und bleibt verzerrt,
Doch bin ich nicht die,
Die denkt verkehrt.
So bin ich die.

Die von jetzt und nicht von morgen.
Die, die sich verändert im Verborg'nen.

Ich und du

Ich und du,
Müllers Kuh.
Lass uns laufen,
Lass uns rennen,
Lass uns in den Wäldern pennen.
Den Kuchen vom Nachbarn klauen,
Ihn gut in unserem Bäuchlein verstauen.
Das alles können wir erleben,
Wenn wir uns trauen,
Uns aufeinander zuzubewegen.

Süßes

Es ist kunterbunt,
Und überhaupt nicht gesund.
Es ist süß,
Es ist lecker,
Man macht damit kein Geklecker.
Beim Karneval oder im Laden um die Ecke,
Gibt es manch Süßes und Geschlecke.

In Gedanken

Ich schreibe in Gedanken,
Was Menschen einst empfanden.
Wie Menschen sich stritten
Oder durch ihre Trauer litten.
Von Glück und wahrer Liebe,
Was alles in uns lebe.

Mein Schneemann

Komm, lass uns einen Schneemann bauen,
Ihm zuschauen beim Tauen.
Erst eine Kugel rollen,
Dann die zweite Kugel oben drauf,
Und die dritte heb da drauf.
Jetzt fehlt nur noch sein Gesicht,
Dann ist angefangen der Schneemannwicht.
Noch drei Stöcke für das Haar,
Dann eine Karotte, die noch nicht geschimmelt war.
Ein Besen, Steine für die Knöpfe und als Gesicht,
Dann ist er fertig der Schneemannwicht.
Doch wenn irgendwann scheint dolle das Licht,
Ist er eine Pfütze, ein kleiner Fleck.
Aber er hat ja noch Zeit, bis er ist weg.

Griechenland

Nicht weit von hier an einem Ort,
Der weiter liegt als fort.
Liegt ein Land,
Griechenland genannt.
Kein Krieg herrscht,
Kein Bombenfall,
Kein harter Aufprall.
Und wenn du reisen möchtest an diesen Ort,
Der so weit liegt fort,
Wage zu bedenken,
Deine Bedenken vom Schlechten abzulenken.

Der Todestag

Im Augenblick wie diesem,
Muss jeder einmal wissen,
Das Gehen fällt einem schwer,
Dass der Mensch nicht mehr
An deiner Stelle steht,
Nicht mehr den Morgen sieht.
Und wo du ihn noch siehst,
wo er noch lebendig war,
Und nicht mehr ist da,
Wird sich dein Herz zerreißen
Und Kummer sich in deine Seele beißen.

Abschied

Adios, ich werde gehen.
Wir werden uns bald wiedersehen.
Doch jetzt muss ich gehen,
Die Welt verstehen.
Also pass auf dich auf,
Das Leben nimmt auch ohne
mich seinen Lauf.
Also bleib gesund,
Und nimm keinen Schaden oder Wund'.

Im Kopfe verdreht

Im Kopfe verdreht,
Im Winde verweht,
Im Mondlicht erscheint,
Im Regen verweint.
In Hoffnung versunken,
In Mitleid ertrunken,
Im Rennen ein Sturz,
Das Leben zu kurz.

Gesucht

Ich gehe, um etwas zu suchen,
Etwas, was noch niemand gesucht hat.
Etwas, was niemand kennt,
Etwas, was jeder „Niemand" nennt.

Im Traum

Im Traum,
Wo ich träumte
Und meine Gedanken versäumte,
Hab ich geträumt:
Einen Traum,
Der träumte.
Und der wie ich,
Seine Gedanken versäumte,
Bis mich der Wecker weckte
In einem Traum,
Wo ich träumte
Und versäumte.

Die Kirschbäume

Im Winde ein Kirschbaum,
Die Blüten von ihm,
Sie flogen im Winde,
Sie flogen dahin.
Und bildeten ein Tor zu einer Welt,
Wo Meere sich schäumten,
Bäume sich beugten.
Wo Kinder, die lachen,
Und Tiere, die weinen.
Wo tät es sich reimen
Und hat sich nicht gereimt.
Wenn du möchtest dahin,
Denke an dich und deines Lebens Sinn.

Im Winde

Da draußen im Winde,
Ein sanfter Gesang
Von einem Kinde,
Von einem Klang,
Der verzweifelt nach Hilfe rang.
Und es schien, als suchte es nach Haus.
Klopft an jeder Tür
Und wurde geschmissen raus,
Und nun suchte es weiter
Nach dem richtigen Tore,
Der sich öffnenden Pforte.
Bis es sie gefunden hat.

Die Zeit

Ich wünschte, es gäbe eine Zeit,
Die man anhalten kann.
Eine, die man packen kann.
Eine Zeit,
Die langsam geht voran.
Eine, die man stoppen kann.
Eine, die die Uhren dreht.
Eine, wo der Zeiger steht.

Oder war nicht

Es war in einer Nacht,
In einer tiefen schwarzen Nacht,
Auf einem Meer,
Auf einem tiefen, blauen Meer.
Da war
Oder war nicht:
Ein Stern.
Oder doch ein Komet?
Auf die Erde gefallen.
Und hat das Leben vernichtet
Oder hat er es doch in Gang gebracht?
In dieser Nacht.

Advent

Am ersten Advent,
Wenn die erste Kerze angeht
Und sich alles um die Adventszeit dreht,
Läuft in den alten Straßen eine alte Frau,
Von der das Haar ist silbergrau.
Sie kam an einem Baum vorbei,

Wo war nichts dran,
Sie wusste, niemand würde ihn
schmücken irgendwann.
So schmückte sie ihn mit Kugeln,
Das sollte wohl genügen.
Dann schaute sie ihn normal an,
Er war groß und wunderschön,
Dann musste sie woanders hingehen.

Am zweiten Advent,
Wenn die zweite Kerze brennt,
Ging durch die Straßen
Ein Junge, ungefähr zehn Jahre alt.
Er fand auch den Baum,
Der traurig aussah in seiner Gestalt.
Nur die Kugeln hingen dran,
Er wollt ihn schmücken und fing gleich an.

Eine Lichterkette,
Die er vom Haus abgerissen
Und geklaut hat mit schlechtem Gewissen,
Passte gut zu diesem Baum
Und als er geschmückt war, glaubte er kaum,
Dass dieser Baum mal ungeschmückt und traurig war,
Denn nun schien er hell und wunderbar
In die Nacht hinein.
Doch der Junge sollte es nicht sein,
Der die Pracht erblickte.
Das schlechte Gewissen ihn nach Hause schickte.

Am dritten Advent,
Wenn jeder schon von Laden zu Laden rennt,
Kam ein Mann vorbei
Und sah, wie die Zweige hingen
Und keine Menschenseele ermutigten, zu singen.
Er nahm seine Flasche und gab ihm einen Schluck,
Bis die Zweige hochgingen Stück für Stück,
Bis sie kamen an ihre ursprüngliche Stelle zurück.
Jetzt hing er nicht mehr lustlos, sondern voller Freud,
Dass jeder ihn anschauen musste von den Leut'.
Doch er wusste ja nicht,
was er ausgelöst hatte für eine Gefahr,
Dass etwas noch fehlte, war ihm nicht klar.
Dann ging er hinfort und ließ den Baum an seiner Stell',
Ach, wär er nur nicht so schnell
Hinfort gelaufen,
Ach, wär er doch dageblieben,
Hätt das Böse nicht sein Unheil getrieben.

Am vierten Advent,
Wenn vorbei ist bald der Advent,
Ging eine junge Frau den Weg entlang.
Sie kam auch an dem Baum vorbei,
An dem, ach wie schrecklich,
keine Kugel mehr hing
Und die Lichterkette war zerrissen,
Jemand hatte an ihm gerissen.
Mit geschickten Händen hängte sie
die Lichterkette wieder ran
Und die übrig gebliebenen Kugeln wieder an
Und gab ihm einen Schluck,
Bis er aussah wie zuvor.
Nur ein Stern fehlte.
Und als sie einen im Schnee verborgen fand
Und ihn nahm mit zittriger Hand
Und betrachtete
Und dann auf die Spitze setzte,
Hörte alles Böse für eine Sekunde auf.

Am fünften Advent,
Wenn keine Kerze mehr brennt,
Freut sich jeder auf das neue Jahr,
Was bald zu erreichen war.
Doch nach dem fünften Advent
Verliert der Weihnachtsbaum seine Pracht.
In der Silvesternacht.

Der Traum

Glaube ich zu träumen,
Doch war es nur der Traum,
Tat Tag und Nacht versäumen
Und ließe die Zeit klau'n.
Ich weiß, dass es geschehen,
Doch war es nur ein Traum,
Wollt ihn noch mehr verstehen
Und ließ ihm freien Raum.
Es war Zeit zu träumen,
Doch war es nur ein Traum.

Die Tiefe

In blauer Tiefe ich das Dunkle sah,
Das Helle war nicht nah.
Das Licht verringerte sich Stück für Stück,
Es blieb nur die Dunkelheit zurück.
Das Dunkle aß alles auf
Um mich herum
Und ich, ich konnte mich nicht kümmern drum.
Eine Welle zog mich an den Strand.
Hab ich überlebt
Oder war das nur ein Gedanke?
Oder eine Einbildung, die in mir bebt?
Ich schaute aufs Meer,
Wie die Wellen schlugen sacht,
Solang' ich sah, wie mein Schiff versank,
In dieser schwarzen Nacht.
Wie es brannte lichterloh.
Hätten wir gegeben Acht
In dieser schwarzen Nacht.
Dann wär es nicht geschehen.
Kann man die Zeit zurückdrehen?
Um dieses Versehen zu löschen aus einem Buch,
So, als ob es niemand je las
Und mich nie das Nasse traf
Und mich verschlang
Bis zum letzten Atemzug,
Bis ich hierhin kam
Und doch noch mit dem Leben zog.

Trauertag

Angst, was einst passiert,
Sah ich, was einst geschehen.
Trauer diesen Tag ziert,
Konnt ich diesen Tag sehen.

Es war ein Augenblick,
Der war wie ein böser Traum,
Kam stets zu mir zurück,
Und täte mir was klau'n.

In Angst erwartete ich den Tag
Und fragte mich nun,
Wann er erscheinen mag.
War nicht fähig, was zu tun.

Wie ein Gespenst meine Gedanken jagt,
War es wie was Neues,
Wie die Trauer nach dem Zeitpunkt fragt,
So war es doch was Scheues.

Doch schickte es mir einen Brief,
Der mit Trauer geschrieben,
Ich sank in meine Gedanken tief,
Und war darin verblieben.

So war es doch wie jene Zeit,
Die nie vergehen mag,
Doch in der Stille Kummer schreit,
Das war der nächste Tag.

Schutzengel

Ein Engel kam vom Himmel,
Stürzte sich ins Menschengewimmel.
Fand dich in einer Ecke
Und entschloss,
dass er dein Schutzengel werden sollte,
Weil er jeden Tag was Gutes tun wollte.
Also suchte er dich aus
Und das Wunder geschah,
Als seit diesem Tag dir nichts mehr
zugestoßen war.

Zeit

Die Zeit ist ein Geschenk,
Was man nicht schenken kann,
Weil jeder fragen muss,
Wann man irgendwann,
Genug davon hat,
Und sie denken sie sind arm,
Weil niemand sich erbarmt, seine Zeit zu spenden,

Tut sie eher verschwenden.
Und das ist der Grund, wieso man Zeit nicht
verschenken kann,
Weil niemand auf die Idee kam irgendwann.

Leicht im Herzen

Leicht im Winde,
Leicht im Herzen,
Befreit von Leid und Schmerzen,
Geführt von Seele und Verstand,
Geführt von bloßer Hand,
Gesehen von Auge,
Geglaubt von Glaube,
Befreundet und vergessen,
Verhungert und verfressen,
Hass und Kuss,
Ende und Schluss.

Krieg

Man lebe in der Vergangenheit,
Solange steht die wirkliche Zeit,
Bis alle ganz still werden,
Tun Menschen vor unseren Füßen sterben.
Die Trauer, die nie zu vergehen scheint,
Die Frau, die schon seit Tagen weint.
Der Mann, der in den Krieg zieht,
Die Familie, die aus dem Land flieht.
Alles sammelt sich in der Mitte,
Niemand hört noch diese Bitte.
Tränen fließen dahin,
Bis sie ertrinken im Gewinn.

Tod und Leben

Für was soll man sich entscheiden?
Man lebt nur von einem
Und nicht von beidem.
Man lebt nur mit dem Leben,
Man stirbt nur mit dem Tod.
Und dazwischen,
Dazwischen ist die Leere,
Die Grenze von Tod und Leben.
Für was soll man sich entscheiden?
Man lebt nur von einem
Und nicht von beidem.

Das Gift

Menschen sind dumm,
Sie kümmern sich nicht drum.

Sehen sie nicht das Gift?
Was alles vernichtet.
Das Grüne dort,
An jenem Ort.
Es ist so schrecklich,
So supermächtig.

Dunkelheit

Grausam ist das Dunkle,
Denn wer weiß es schon genau,
Was sich dahinter kauert
Und ob man ihm vertrau'.
Es könnte uns verletzen,
Die Welt an sich reißen
Oder doch nur still und ruhig
An seinen Gedanken 'rumbeißen.
Wir stellen uns es vor
In verschied'ner Fantasie.
Stellen uns es vor,
Als wäre es Magie.
Es kommt an unser Bett,
Schaut um die Ecke 'ran,
Und wenn das Licht erscheine,
Dann glauben wir nicht mehr dran.

Noch ein Bierchen

In die Ölzner Bar hinein,
Ging hinein mein Papalein.
Er bestellte ein Bier
Wie die anderen vier.
Sie erzählten über die alten Zeiten,
Wo Gerüchte noch nicht galten.
Dann sagte einer seiner Freunde
mit erhobener Hand
Zum Kellner gewandt:
„Noch ein Bierchen, wenn das geht,
Dann ein Geldschein rüberweht."
Kellner, ganz verrückt nach Geld, wollte ihn haben
Und sagte „ja", ohne zu fragen.

Solange das Bier auf sich warten ließ,
Fühlte sich einer der Freunde mies.
„Tut mir leid, ich muss jetzt gehen.
Um elf muss ich bei meiner Frau stehen."
Dann ging er fort und nahm einen gleich mit,
Der war nämlich nicht mehr so fit.
Der Kellner kam herbei,
Schaute an die drei.
„Bitte, Ihr Bier",
Dann ging er wieder.
Es spielte gerade altmodische Lieder.

Nach dem Bier und sämtlichen Liedern,
Musste einer der Freunde fiebern.
Jetzt waren es nur noch zwei Freunde,
Die von alten Zeiten träumten.
„Noch ein Bier", rief der eine,
Der keine Frau hatte an der Leine.
Mein Papa ließ das Bier auch noch rein,
Das fand Mama bestimmt nicht fein.

Sie tranken sich gerade noch was rein,
Da kam ein Herr hinein.
Der fragte: „Darf ich mit an den Tisch?
Will nur bestellen einen Fisch."
Papa und sein Freund wiesen ab,
Das war auch knapp.
Sie hatten nämlich kein Geld
für einen Mitstreiter am Tisch,
Der bestellen wollte einen Fisch.
Sonst wär das Bier bald aus
Und sie müssten wieder nach Haus.

Um drei tranken sie ihr fünftes Glas,
Derweil außer ihnen niemand mehr da saß..
Weil bezahlt hatten sie nicht
Und schauten bald ins Kellnergesicht.
„Gib mir jetzt das Geld,
Sonst euer guter Ruf nicht mehr hält."
Der letzte von Papas Freunden ging nach Haus
und bei Papa war die Kohle aus.

Nach dem Ereignis haben manche Ärger bekommen,
Manche haben sich aber auch benommen.
Der Erste hatte Glück mit seiner Frau,
Die nahm das nämlich nicht so genau.
Er war nämlich nach elf da gewesen,
Und hatte seinem Kind noch was vorgelesen.
Der Zweite hatte sich dann übergeben,
Und hing noch ab in 'nem anderen Laden.
Nach dieser Nacht war es mit der Ehe vorbei,
Da aß er tagelang nur Spiegelei.
Der Dritte, der Fieber hatte,
Trank zu Hause mit seiner Frau Caffè Latte.
Der Vierte ging alleine nach Haus
Und sagte noch „Gute Nacht" zu seiner Maus.
Mama war nicht böse auf Papalein,
Er lädt sie nur nächstes Mal mit in die Ölzner Bar ein.

Höhenangst

Der Fritz wollt hoch hinaus
Und machte was draus.
Er stieg ein hohen Berg hinhoch
Und war ganz, ganz hoch.
Da wurde ihm schwindelig
Und seine Höhenangst fiel ihm wieder ein.
Da kletterte er wieder runter
Und war wieder ganz munter.

Lieselotte

Die Lieselotte wollte wissen
Wie schwer sie war.
Also nahm sie sich einen Regenschirm
Und wollte sehn,
Ob sie zu schwer zum Fliegen war.
Da packte ein Luftzug sie
Und brachte sie davon,
Brachte sie weit fort von hier
An einen anderen Ort.

Fritz Bube

Fritz Bube wollt der Stärkste sein
Und hielt sich selber für nicht zu klein.
Auch wenn er nur ein' Meter war,
Wollt er der Größte sein
Und wollt zu den Größten zählen,
Auch wenn er nur war klein.
Also stemmte er gleich ein Tonnengewicht
Und hielt es nicht aus.
Also, anstatt als Größter
Landete er im Krankenhaus.

Der Tannenbaum

Ach, lieber guter Tannenbaum,
Standest dieses Jahr in unserem Raum.
Hast Pracht und Freude miterlebt
Und gleich noch mehr Begeisterung erregt.
Nun stehst du vor unserem Haus
Und siehst dabei so prächtig aus.

An meinem Uropa.

Die Kerzen sollen brennen
Für dein langes Leben,
Für die Namen, die du nennen
Und nie wieder sagen wirst.
Die Gedanken soll man zählen,
Die du gedacht,
Und die Wunder sollen verzaubern,
Die du gemacht.
Und jeder soll denken,

Als du einst gelacht.
Ein Fest wollen wir feiern,
Wie keiner von uns gefeiert hat,
Und jeder wird satt.
Dass du in Ruhe liegen und schlafen kannst hier,
Eine schöne Fahrt in den Himmel wünsch ich dir.

Gedanken

Manch einer hat Gedanken,
Die nie die Stille nehmen,
Doch muss man sich schon fragen,
Was wollen sie uns sagen
Und haben wir sie gedacht,
haben wir sie schon seit gestern
Oder sind wir erst mit ihnen erwacht?
So manch einer stellt sich die Frage,
Was seine Gedanken waren
Und wird sie uns wahrscheinlich
Im Stillen offenbaren.

Ängste

Ängste hat doch jeder,
Nur in verschiedenen Größen.
Manche sind klein und scheinen,

Nah zu sein am dem Verwesen.
Die andern sind riesig,
Ein echter Gigant,
Die man nie los werde,
Egal wie man empfand.
Doch alle haben die Kraft,
Uns zu unterdrücken,
Und niemand hat auch
Angstfreie Lücken.
Denn sie sind immer da.
Du merkst sie einfach nicht
Und nur in Momenten
Bekommst du sie zu Gesicht.

Der Pfad

Ich weiß nicht, wie das Leben
Sich richtig 'rumdreht.

Weil jeder dazu neigt,
Was anderes erspäht.
Manch einer macht das,
Der andere spielt Klavier
Die einen mit Cola,
Die anderen mit Bier.
Doch wer soll ich werden
Von so vielen Menschen?
Wie soll ich aussehen, was soll ich tragen?
Wen soll ich anlächeln?
Über wen soll ich mich beklagen?
Doch einst gab mir jemand einen ganz weisen Rat:
Ich solle es vorziehen,
Zu gehen meinen Pfad.

Egal

Das Aussehen mag dir gleich erscheinen,
Tausend Seelen wegen dir weinen,
Doch deine eigene steht still.

Was jeder andere will,
Tut dich nicht interessieren,
Alles um dich 'rum wird passieren.

Du im Mittelpunkt,
Alle reiben sich an dir wund.
In Sekunden
Bluten ihre Wunden,
Doch du bist niemand zum Schützen,
Wirst den Verletzten nicht stützen.

Jeder ist nicht du,
Niemand hatte was mit dir zu tun,
Niemand was für dich empfand
Weil jeder in deine Selbstsucht ertrank.

Abenteuerlichkeit

Ich spürte einen Funken,
Einen Funken von Magie.
So etwas fühlte ich
Bisher noch nie.
Es war die Abenteuerlust,
Die mich so inspirierte,
Und schon vieles mehr
Einfach faszinierte.
Das Gefühl blieb an mir haften
Wie ein Magnet,
Und nix von jenem half,
Damit es abgeht.
So musste ich mich stellen
Und hab es nun kapiert:
Ich bleib wohl mein ganzes Leben
Einfach inspiriert.

Bedürfnis

Ich hatte schon das Bedürfnis
Dies zu tun
Und ließ es nicht auf sich ruhen.
Meine Lippen wollten reden.
Meine Augen wollten verstehen.
Ich lief so verlegen
Und wollte nicht gehen.

Wut

Im Inneren
Wird man sich für immer erinnern,
Denn die Vergangenheit hinterlässt Wunden
Und hat man die erst wiedergefunden,
So bebet einem das Herz
Vor Trauer und vor Schmerz.
Es brodelt hoch und lässt nichts aus,
Drohet zu kommen, zu kommen raus.
Erst scheint es nicht so schlimm zu sein,
Das Gefühl erscheint dir gar zu klein.
Du unterdrückst es, lässt es nicht zu,
Tust, was du sonst noch so tust.
Doch es wird größer und fängt an, dich zu zerstören,
Bis du nicht mehr selbst, kannst dich hören.
Ist es so, wie es in der Vergangenheit war.
Du tobst und meckerst, ziehst und schreist,
Stampfst und reißt, weinst und beißt.
Und dann, ganz kurz, wirst du realisieren,
Was gerade tat passieren.

Deine Wunden

Durch Augen kann man sehen.
Mit Lippen kann man reden.
Doch durch Schmerzen kann man fühlen.

Ich nahm deine Hand
Und suchte die Trauer.
Doch taten deine Tränen die Spuren verspülen.

Ich fragte, wer es war.
Doch blieb die Antwort stumm
Und ich konnte dich nur ansehen.

Wir waren einander ehrlich.
Doch dies blieb eine Lüge
Und ich konnte dich nur anflehen.

Die Zeit verschritt
und die Jahre vergingen.
Doch die Antwort war noch nicht klar.

Das Blut trocknete.
Die Tränen verschwanden.
Die Wunden waren nicht mehr da.

Doch ein Riss braucht Liebe,
Um wieder zu heilen
Doch deine Lippen blieben stumm.

So waren auch meine ein Rätsel,
So blieb auch ich allein,
Doch traute ich mich nicht zu fragen, warum.

Das Geschenk

Ein Geschenk,
Hübsch und klein,
Liegt auf deinem Bein.
Was ist nur dort drin?
Vielleicht ein Schmetterling
Oder ein Kakadu,
Vielleicht auch ein Uhu
Oder eine nagelneue Hose.
Eine Kuscheltierratte
Oder doch eine gestreifte Krawatte.
Vielleicht ein weites Geschenk
Oder ein neues Gelenk.
Eine Puppe, hübsch und schmal,
Oder ein Zettel, wo draufsteht: Genial.

Erschaffen

Ich erschaffe einen Zwerg.
Ich erschaffe einen Berg.
Ich erschaffe eine Maus.
Ich erschaffe ein Haus.
Ich erschaffe dich und mich
Und dieses Gedicht.

Formen

Formen eckig
Oder rund
Oder kunterbunt.
Ein Würfel,
Ein Ball,
Ist da so ein Fall?
Viele Formen sind in unserem Leben versteckt.
Wir haben sie nur noch nicht entdeckt.

Der Anfang vom Schluss

Die Angst schimmert in uns allen,
Sie will uns mal erringen,

Uns um Gedanken bringen.
Und die Angst ist zu groß,
Um sie zu stoppen.
Viele merken es nicht.
Doch auch wenn man es nicht
sieht im Gesicht,
Weiß man genau,
Sie fühlen wie ich.
Und sie denken vielleicht dran,
Nicht nur den Anfang.
Sondern auch an den Schluss.
An das, was danach.
Und so groß sie auch ist,
Irgendwann haben wir sie alle überstanden
Und wissen nichts mehr von dem Gefühl,
Was wir dafür empfanden.

Anders

Verloren in den Tiefen,
In dem tiefen Klang.
Solang' sie nach mir riefen,
Doch niemand nie zu mir rang.
Verloren in der Trauer,
Die mich gefangen hielt,
Gefolgt von Leid und Schauer,
Was sie mir auch befiehlt.
Verloren in der Suche,
Vergebens ohne Fund,
Gesehen in der Fuhre,
Vergebens ohne Bund.
Verloren in mir,

Das Innere der Dunkelheit.
Es ist fast wie bei dir,
Nur düsterer und kalt.

Einfach ignoriert

Ich frage mich schon manchmal,
Ob man sich selber ignorieren kann.
Und würde es gern testen
Einfach irgendwann.
Es muss ja nicht von Dauer,
Nur einen Augenblick,
Dann kann ich irgendwann,
Denken daran zurück.
Und dann kann ich die Frage beantworten,
Die jeder von uns stellt:
Ob, wenn man sich ignoriere,
Einem dann was fehlt.

Nicht gesehen

Ich sah in deine Augen
Und konnte gar nicht glauben,
Was da so finster war,
Denn mir war klar,
Da waren Diamanten,
Diamanten aus Eis,
Aber ganz viele fanden,
Dass man sie zerreiß'.
Man zerschmettert das Herz,
Dass man mit Mühe gepflegt,
Und fügt zu ihm Schmerz,
Wenn man reinsägt.

Ich weiß, du weinst,
Doch hab ich nie gedacht,
Dass so schöne Diamanten
Existieren können.
Doch diese Diamanten spiegelten wider,
Was Menschen einst empfanden
Und du weintest sie nieder.
Ihre Klänge, sie waren magisch
Und unberechenbar,
Doch sie klangen zu tragisch
Und waren das, was man nicht sah.

Dunkles Rampenlicht

Das Rampenlicht, es scheinet hell
Und ist bestimmt für dich.
Scheinet so wundergrell
Und scheinet nicht für mich.
Es scheinet durch den ganzen Saal
Und du standst in der Mitte,
Ich wünschte, ich hätt noch die Wahl.
Verklungen meine Bitte.
Das Leben war zu kurz.
Das Licht von dir zu hell.
Die Träume wie ein Sturz
Versanken in mir schnell.
Doch kann ich's jetzt verstehen,
Man hat nur eine Wahl
Und jetzt kann man nicht sehen,
Ich bin allein im Saal.

Das Etwas

Ich weiß nicht, wie es geschah.
Es war einfach da.
Es raubte den Atem.

Tat mich lassen raten.
Es stellte in Frage,
Was ich doch einst sage,
Und dann war es verschwunden.

Doch geschehen

Verträumt und doch geschehen,
Nicht getan und doch versehen,
Verloren wie gefunden,
Verletzt und wenig Wunden.
Geküsst und doch gehasst,
Zu wenig, doch viel Last.
Leer und trotzdem voll,
Uninteressant, aber auch toll.
Wie soll das weitergehen?
Wie konnte das geschehen?

Lüge

Ich sage immer, es ist alles okay.
Doch was ihr wirklich nicht seht:
Ich unter vollen Tränen,
Was ich nie tat erwähnen
Hättet ihr nur mehr nachgefragt.
Hätt ich vielleicht auch mehr gesagt.
Doch die Antwort war der Traum,
Die Wahrheit blieb in meinem Raum.
Nie ein Wort durchdrang die Mauer.
Nie jemand wusste meine Trauer.
Niemand kannte diese Weite,
Niemand kannte diese Seite.

Essstörung

Ich kann nur verzichten.
Ich kann es nur hassen.
Ich kann es nicht fassen.
Doch dafür erweitern
Und weiter und weiter scheitern.
Ich kann nur hoffen,
Dass es tut verschwinden.
Doch meist ist es doller
Und man tut sich dran binden.
Man lässt nicht mehr los.
Und hört nicht mehr auf.
Und man nehme sogar
Sein Leben in Kauf.

Zwang

Einst holte mich was ein.
Es war ein bestimmter Zwang.
Erst war er kurz
Und dann war er lang.
Er zog mich herum,
Verdrehte mir den Kopf.
Steckte mich an
Und löste den Zopf.
Er zwang mich zu tun,
Was ich hasste.
Er zwang mich zu stehen,
Auch wenn ich wollt rasten.
Er nahm mich ein
Und bevor ich mich versah,
War er nicht mehr da.

Vertauscht

Ich habe etwas vertauscht,
Was man nicht vertauschen kann.
Ich wartete und schaute,
Ob jemand zweifelte dran.
Dann gab ich aus Langeweile
Es irgendwann zu
Und lachte dabei schelmisch.
Wie dumm bist du?
Sie lachten und sagten:
„Ich hab es gut gemacht."
Ich habe mich ausgetauscht.
Das hätten sie nicht gedacht.

Alptraum

Es verfolgt mich.
Es schaut und leckt.
Tut schwitzen
Und reckt
Sich in die Höhe.
Es schüchtert mich ein.
Es ist ganz groß
Und ich bin ganz klein.
Ich versuche es zu lenken,
Es zu kontrollieren.
Doch nein, es ist stärker
Und tut dirigieren.
Ich schließe meine Augen
und mach sie wieder auf.
Ich merkte schnell und einfach,
Es war der Morgen drauf.

Doch getan

Bring mich um.
Doch denk an Gedanken.
Zieh mich in ein Loch.
Doch denk, was wir einst empfanden.
Durchtrenne meine Seele,
Auch wenn es dich selber
zum Weinen bringt.
Hör die Befehle,
die dein Inneres singt.
Widersetz dich ihnen nicht.

Denke was einst war
Schau in mein Gesicht:
Ich bin dem Tode nah.

Angst

In uns allen herrscht es.
Es ist schwer zu entdecken.
Doch bei manch einer Person
Lässt es sich schwer verstecken.
Doch ist es wirklich da
Oder bilden wir uns das nur ein?
Im wahren Lebenssinn
Muss Angst nicht sein.
Wir sagen, wir haben Angst,
Dabei sind wir nur feige
Und denken nur daran,
Was geht damit zur Neige.
Doch was sind die Vorteile
Und wie können wir die Angst besiegen?
Das werden wir wohl nur
Selber heraus kriegen.

Suchen

Suchen ist ein Werk,
Ein Werk der Fantasie.
Es ist auf einmal verschwunden
Und niemand weiß wie.
Wir wussten, wo es war
Und dachten: Das ist dort.
Doch wird uns dann erst klar,
Es ist nicht an diesem Ort.
Wir fangen an zu suchen.
Dann finden wir es nie,
Und auf einmal, als wäre
Es pure Magie:
Ist es wieder da
Und uns ist es nicht klar,
Wieso es verschwunden war.

Wenn ich …

Wenn ich einst denke
an die Zeit zurück:
Wo wir gefunden hatten
unser Freundschaftsglück.

Doch wo wir etwasgetrennt,
was man nicht kleben kann,
Wo wir begreifen mussten,
das Trennen unserer Bahn.
Wo wir dachten und nicht gewusst,
Es gäbe auch mal einen Schluss.

Bauchgefühl

Mein Bauchgefühl ist heilig,
Nennt sich den siebten Sinn.
Es gibt mir zu verstehen,
Wer gefährliche Menschen sind.
Und auch, wenn der erste Eindruck
Immer der schönste war,
Sagte mir mein Bauchgefühl,

Es ist nicht wahr
So mied ich die meisten Menschen
Und hoffte insgeheim:
Mein Bauchgefühl, das rede
Nicht alles so klitzeklein.

Vergessen

Allein im Nebel
Stand ich im Ungewissen.
Versucht hab ich es schon,
Zu vergessen das Gewissen.
Doch in mir es sagte,
Er habe dich vergessen.
Die Tränen standen vor
Und wollten hinaus.
So nahm das Schicksalsleben
Seinen gewohnten Lauf.
Und heut kann ich noch sagen,
Dass ich im Nebel war.
Dass ich nicht nur eine Frau,
Sondern eine vergessene Frau war.

Vermisst

Mein Lieblingswort,
Die Trauer,
War auf einmal fort.
Es überlief mich der Schauer,

Doch diesen mocht ich gar nicht gern.
Ich hielt mich lieber
Weit davon fern.
Doch kam nie die Trauer wieder.

Die Einsamkeit verschlang mich.
Doch wünschte ich mir
Verzweifelt Licht
Und sitze ich auch hier.

Die Tränen waren morgen.
Und waren sie auch da,
waren die kleinen Sorgen
Nicht zum Greifen nah.

Ich fühlte mich gestorben,
Wie im Wasser ertrunken.
Da ist die Trauer geworden
Und hat mir aus der Fern' gewunken.

Hoffnung

Hoffnung sollte man sich nicht machen,
Denn am Ende wird man enttäuscht.
Doch sie sagen, man soll die Hoffnung behalten.
Wie sollte man sich dann verhalten,
Wenn man kurz davor stand zu explodieren.
Aber wie sagen sie immer so schön:
Mach dir keine Hoffnung.
Am Ende wirst du enttäuscht.

Warum schwarz

Es stellt sich mir schon eine Frage,
Wie es geschehen kann:
Wieso wird's abends dunkel
Und wieso gehen Lampen gleichzeitig an.
Wieso ist das Dunkle schwarz
Und wer kam auf die Idee,
Die Farbe so zu nennen
Und nicht grün wie Klee.
Wieso ist im Universum,
Es immer so schwarz?
Wenn tausend Lichter erhellen
Und es bleibt trotzdem schwarz.
Würden wir im Dunklen sehen,
Wenn es nur dunkel wär
Oder müssten wir dann immer mit Lampen gehen?
Und gibt's dann noch Seher?
Die Fragen sind sehr viele
Und niemand kann es sagen.
Vielleicht sollten wir einfach
Das Dunkle ausfragen.

Weg

Ich merkte nicht, wie es geschehen,
Es war da
Und bevor ich es gesehen,
War es nicht mehr, wo es war.

Auf See

Auf hoher See, da fühlt man sich wohl
Zwischen Wasser und Boot
Mit wenig Proviant
Und Abenteuergefühl in der Hand.

Die Reise

Wir beide wollten gehen
In die weite Welt.
Wollten Mensch und Tier verstehen
Ohne Angst und Geld.
Die Sachen waren gepackt
Und alles schon geplant.
Wir waren schon im Takt.
Ach, hätt uns jemand gewarnt.
Denn wir beide wussten nicht,
Dass man auch vergesslich ist.
Und mal jemanden vergisst.
So wolltest du noch was holen
Und ich stieg schon ins Auto.
Doch war mir der Gedanke gestohlen,
Da fuhr ich einfach weg.
Gedanken bei der Reise.
Koffer auf deinem Sitz.
Solang' du still und leise
Dachtest, ich mach einen Witz.
Es war schon später Abend,
Da merkte ich, ich war allein
Und stelle fest:
Das sollte nicht so sein.
Du warst bereits still und leise
Auf deine eigene Weise
Zu dem Entschluss gekommen
Und hast einfach den nächsten Zug genommen.

Fragen dieser Welt

Die Fragen dieser Welt
Sind die größten Rätsel.
Sind mehr wert als Geld,
Bleiben aber immer Rätsel.
Jeder hat sie mal gedacht
Und war es nur im Traum.
Ob Tag oder bei Nacht,
Die Antwort wusste jemand kaum.
Auch wenn manche behaupten,
Alles über die Welt zu wissen
Und manche ihnen glauben,
Waren das nur ein paar Kulissen.
Denn manche Fragen sind Rätsel für sich,
Denn sie wissen es am Ende vielleicht selber nicht.

Verliebt

Verliebt, das war ich noch nie.
Ich fand noch nicht den Menschen,
Der brachte mir bei diese Magie.
Jeder sagt, es ist schön.
Jeder sagt, es ist bezaubernd.
Ich lass sie einfach plaudern
Über dieses Lied,
Denn sie haben mir noch nicht beigebracht,
Wie diese Liebe geschieht.

Furcht

Wir danken viel zu wenig.
Wir sagen nicht das Wort.
Wir wissen nicht, wie ewig

Setzt sich das Treiben fort?

Wir lachen viel zu wenig.
Wir füllen nicht die Stille.
Wir wissen nicht, dass wir selig
Vereinbaren mit dem Willen.

Wir weinen viel zu wenig.
Wir wissen nicht warum.
Schließen uns in einen Käfig,
Weil wir denken, Weinen ist sehr dumm.

Wir sagen viel zu selten,
Was uns wirklich fehlt,
Sind ganz in andren Welten
Und wissen nicht, was zählt.

Wir zeigen viel zu selten,
Was wirklich wichtig ist.
Benehmen uns wie Helden,
Solange andere Menschen sitzen in unserem Mist.

Wir meinen viel zu oft,
Alles zu verstehen
Und lassen uns ein auf jenen Zoff,
Um die Wahrheit nicht zu sehen.

Wir haben die Augen auf,
Doch schauen zu oft hindurch.
Verlassen uns darauf
Und sind die wahre Furcht.

Wildschwein

Ein Puff, ein Knall, das Schwein ist tot,
Von Opa geschossen
gibt es dies heute zum Abendbrot.

Die Autorin

Talia Sofie Groß wurde 2010 geboren. Sie erfand bereits im Kindergarten Geschichten. In der Grundschule begann sie diese erst in Bildern und später in Texten festzuhalten. Mit dem Eintritt in die Oberstufe entstanden ihre ersten Gedichte. Das Schreiben dieser wurde zu ihrem kleinen Hobby, in dem Talia Sofie Groß ihre eigene kleine Art entwickelte, ihre Gedanken und Gefühle auszudrücken. Während manche dabei wohlüberlegt sind, entstehen andere spontan. Aber alle kommen immer von Herzen.

Der Verlag

novum VERLAG FÜR NEUAUTOREN

> *Wer aufhört*
> *besser zu werden,*
> *hat aufgehört*
> *gut zu sein!*

Basierend auf diesem Motto ist es dem novum Verlag ein Anliegen, neue Manuskripte aufzuspüren, zu veröffentlichen und deren Autoren langfristig zu fördern. Mittlerweile gilt der 1997 gegründete und mehrfach prämierte Verlag als Spezialist für Neuautoren in Deutschland, Österreich und der Schweiz.

Für jedes neue Manuskript wird innerhalb weniger Wochen eine kostenfreie, unverbindliche Lektorats-Prüfung erstellt.

Weitere Informationen zum Verlag und seinen Büchern finden Sie im Internet unter:

www.novumverlag.com